Çok Hayal Kuran Çocuk

Şermin Yaşar

*Aslında gerçekten bir hayal perisi var.
Çocuklar hayallerini kurup da uykuya daldığında, o en
çok hayal kuran çocuğun rüyasına girer. Seçilen şanslı
çocuk, rüyalarında da hayal kurmaya devam eder...*

Çok Hayal Kuran Çocuk

Çok Hayal Kuran Çocuk, o gece yatmadan önce pencereden dışarıyı seyretti. Uçabildiğini, gökyüzüne yükselip bulutların arasında dolaşabildiğini hayal etti. En çok da yıldızlarla, Güneş'le, Ay'la konuşabilmeyi diledi.

Hayal Perisi onu seçsin, rüyalarına girip hayallerini devam ettirsin diye çok uğraştı. O kadar çok hayal kurdu ki sonunda uyuyakaldı.

O sırada Hayal Perisi hesaplarını yapmıştı. Evet, bu gecenin şanslı ismi Çok Hayal Kuran Çocuk'tu.

Çok Hayal Kuran Çocuk'un yatağını yerinden kaldırıp gökyüzüne doğru gönderdi. Yatak yükseldi, yükseldi, yükseldi… Çok Hayal Kuran Çocuk'u bir bulutun üzerine bırakıp geri döndü.

Çok Hayal Kuran Çocuk, gözlerini bir bulutun üzerinde açtığında şaşkınlıktan ne yapacağını bilemedi. Hayalleri gerçek olmuştu. İşte, tam karşıdan bir uçak geçiyordu. Uçağın pilotuna, "Beni buraya Hayal Perisi mi getirdi?" diye sordu.

Pilot, "Çok işim var çocuk, yolcularımı kutuplara götürüyorum" dedi ona. Çok Hayal Kuran Çocuk, o uçağın içinde olduğunu ve kutuplara gittiğini hayal etti.

Kutup ayılarından korkmazdı. Ama kutuplar öyle soğuktu ki…
Bir igloda yaşayıp eskimolar gibi giyinse bile orada kalamazdı.

Gözlerini kapatıp tekrar açtığında kucağında beyaz bir güvercin duruyordu. Etrafta kırlangıçlar ve göçmen kuşlar vardı, yolculuk ediyorlardı.

Çok Hayal Kuran Çocuk, "Hayal Perisi'ni gördün mü güzel kuş?" diye sordu güvercine.

Güvercin, "Hayır, görmedim. Yolum uzun. Sıcak ülkelere gidiyorum, güzel denizlere…" dedi ve uzaklaştı.

Bunun üzerine Çok Hayal Kuran Çocuk, göçmen kuşlarla birlikte yolculuk yaptığını hayal etti. Onlarla uçtu, uçtu, uçtu… Sonunda Atlas Okyanusu'nun ortasında durdu.

Cebindeki kâğıtlardan bir gemi yapıp oturdu içine. Bununla bütün okyanusu gezebilirdi. İstediği kadar yüzebilir, okyanustaki canlıları inceleyebilirdi. Ama susadığında içebileceği suyu yoktu çünkü okyanusun suyu çok tuzluydu. Gözlerini tekrar kapattı.

Gözlerini açtığında karşısında Güneş duruyordu, kocamandı. Hava da gerçekten çok sıcaktı. Çok Hayal Kuran Çocuk, Hayal Perisi'ni unutmuştu çoktan. Güneş'i görünce arka arkaya sorular sormaya başladı: "Geceleri nereye gidiyorsun? Dünyanın en sıcak yeri neresi? Tek başına canın sıkılmıyor mu?"

Güneş ona gülümsedi. "Bir çölün ortasında da kalsan, tek başına da olsan fark etmez; hayal kurabiliyorsan asla yalnız değilsindir" dedi.

Çok Hayal Kuran Çocuk, kendini hemen bir çölde, mesela piramitlerin yanında hayal kurarken düşledi. Mısır ülkesindeki bu piramitler çok güzeldi, bütün geceyi burada hayal kurarak geçirebilirdi. Ama gözüne bir kum tanesi kaçtı ve yanlışlıkla gözünü kapatıverdi.

Şimdi de bir yağmur bulutunun üzerindeydi. Daha ne olduğunu anlamadan, karşıdan gelen kızgın bir yağmur bulutuyla çarpıştılar. Birdenbire şimşekler çaktı.

"Heeey" diye seslendi Çok Hayal Kuran Çocuk, "Durun, kavga etmeyin."

Bulut ona "Biz kavga etmiyoruz ki, yağmur yağdırıyoruz. Biz olmazsak yeryüzüne yağmur yağmaz" dedi.

Çok Hayal Kuran Çocuk, gökyüzündeki tüm bulutların üzerinde zıpladığını ve bir filin doya doya banyo yapabileceği kadar yağmur yağdırdığını hayal etti.

Yağmur öyle çok yağardı ki tüm filler ona teşekkür ederdi.

Ama böyle yağması kurbağaların ve insanların hoşuna gitmeyebilirdi. Sel olabilir, dünya sular altında kalabilirdi. Bu hayalden vazgeçti.

Sonunda tekrar gece oldu. En çok merak ettiği yıldızlar ve Ay karşısında duruyordu. Geceyi onlarla sohbet ederek, gezegenler, yıldızlar ve uzay hakkında konuşarak geçirdi. Ama yavaş yavaş uykusu geliyordu. Hayal Perisi'ni hâlâ görememişti, bu yüzden eve nasıl döneceğini bilemiyordu.

O anda kuyrukluyıldız, "Hadi, tutun bana" dedi. Çok Hayal Kuran Çocuk, kuyrukluyıldıza tutunup gökyüzünden aşağıya süzüldü. Şimdi tekrar yatağındaydı.

Sabah uyandığında, etrafına bakınıp Hayal Perisi'ni görmeyi denedi ama yine yoktu. Başından geçenleri ve rüyasında gördüğü hayalleri hemen defterine yazdı, bu hayalleri asla unutmaması gerekiyordu.

Büyüdüğünde bile…

Okuduğumuzu Oynadık mı?

Değerli Anne ve Babalar,

Bu hikâyede, çocuğunuzla birlikte yapabileceğiniz pek çok etkinlik, oynayabileceğiniz pek çok oyun gizli. Okuduktan sonra o sayfalara geri dönüp "Hadi, biz de yapalım" diyebileceğiniz pek çok fikir…

Örneğin, pencereden bakıp hayal kurun birlikte. Gökyüzüne bakın, bulutların arasında dolaştığınızı hayal edin. Bir kâğıda bulut resmi çizip üzerine pamuk yapıştırın birlikte, kendi bulutunuzu yapın. Hatta üzerine kendi fotoğraflarınızı da yapıştırın.

Hadi birlikte kâğıttan uçak yapmayı deneyin, üzerini boyayın, uçaklarınızı yarıştırın. İşte bakın, tam karşıdan bir uçak geçiyor! Olmadı mı? Açın kollarınızı açabildiğiniz kadar ve uçaklar gibi uçun… Tutun çocuğunuzu gövdesinden ve uçurun…

Kutuplara gittiğinizi hayal edin mesela. Gidemeseniz de gitmiş gibi yapın. Bir sürü buz dondurun dolapta. Buzları bir tepsiye dökün, sonra onların etrafına beyaz tıraş köpüğü sıkın, kar görüntüsü verin. Kesme şekerleri üst üste dizerek iglolar inşa edin. Oyuncak penguenler ve kutup ayılarıyla kutuplarda gezin.

Göçmen kuşlar hakkında sohbet edin. "Ben bir göçmen kuş olsam nereye giderdim?" diye sorun kendinize. Sonra çocuğunuza sorun: "Sen bir göçmen kuş olsan nereye giderdin?"

Atlas Okyanusu'na sahiden gidemezsiniz belki ama gitmiş gibi yapabilirsiniz. Yemek masasını ters çevirin, etrafına mavi bir örtü ya da çarşaf serin. Kâğıttan bir korsan şapkası yapın. Hatırlarsınız, gazeteden yapardık eskiden… Bir kartonu rulo yapıp dürbüne dönüştürün. Elinize bir tepsi alıp dümen yapın. Girin şimdi masanın içine, işte geminiz, işte Atlas Okyanusunuz… Eğer deniz suyunun tadını bilmiyorsa bir bardak tuzlu su, bir bardak tatlı su hazırlayıp azıcık tattırın, aradaki farkı anlatın.

Çok Hayal Kuran Çocuk'un Güneş'e sorduğu soruları, siz çocuğunuza sorun: "Geceleri Güneş nereye gidiyor olabilir sahiden?" Bence çok tatlı cevaplar gelecek…

Mısır'a gidemezsiniz belki ama gitmiş gibi yapabilirsiniz. Esmer şekerleri üst üste dizip kendi piramitlerinizi inşa edin. Piramitler bittikten sonra etrafına ince bulgur döküp çölünüzü oluşturun. Piramitler sizi zorlayacaksa sadece çöl de olur tabi…

Sonra… Yağmurun yağdığı bir günü gözleyin. Alın şemsiyelerinizi, birlikte keyifli bir yağmur yürüyüşü yapın. Dönüş yolunda kapatın şemsiyeleri, ıslanabileceğiniz kadar ıslanın. Unutamayacağı bir yağmur anısı hediye edin ona.

Geceleri yıldızlar, Ay, gezegenler hakkında sohbet edin. Kuyrukluyıldızlar, asteroitler, başka gezegenlerdeki yaşamlar hakkında konuşun. Birlikte Ay'da yürüyormuş gibi yürüyün. Kendi komikliğinize gülün…

Birbirinize rüyalarınızı, hayallerinizi anlatın. Ondan bir rüyasını anlatmasını isteyin, sonra o rüyayı yazın. Arada açıp bu rüyaları, bir masal okuyormuş gibi okuyun birlikte. Çocuğunuz yazmayı bilmiyor olabilir ama bir hayali rahatlıkla çizebilir.

Bunların hiçbiri yapılamıyorsa eğer, uzanın yan yana ve sadece hayal edin. Bir de… Hiç kimsenin hayallerinizi elinizden almasına izin vermeyin.

Çok Hayal Kuran Biri

Çok Hayal Kuran Çocuk©
Şermin Yaşar

Genel Koordinatör: Akif Aktuğ
Editör: Demet Uyar
Çizimler: shutterstock.com / Andere Andrea Petrlik
Tasarım Uygulama: Songül Düzgün
Yayın Ekibi: Ahmet Seyfi Atmaca, Bahar Güzel, Ceyda Çalatlı, Çiğdem Karaca, Gamze Aras Azapoğlu, Gülderen Çopur, Hüseyin Yılmaz, İpek Arman, Sait İşseven, Sevim Yaylagül, Vildan Barış Örkmez

ISBN: 978-605-9795-01-2

1. Basım Kasım 2015
8. Basım Kasım 2017 (3000 adet)

Elma Yayınevi
Aziziye Mah. Portakal Çiçeği Sok.
No: 37/7 Çankaya/Ankara
Tel: 0312 417 72 73
Yayıncı Sertifika No: 12437

Basımevi: Koza Yayın Dağıtım Sanayi ve Ticaret AŞ
Cevat Dündar Caddesi
No: 139 Ostim/Ankara
Matbaa Sertifika No: 12385

Hayat Amacımız
Daha eğitimli ve daha çok okuyan bir ülke için çalışıyoruz.

Gelecek Hayalimiz
Alanımızda Türkiye'nin en saygı duyulan kurumu olacağız.

Değerlerimiz
Dürüstlük
İş Kalitesi
Girişimcilik
Hoşgörü
Yurt Sevgisi

Elmanın Faydaları
- Elma kendini sevdirir.
- Enerji verir.
- Mineral ve vitamin sağlar. (Büyürken bunlara çok ihtiyacımız olacak.)
- Oldukça sulu bir meyve olduğundan vücudumuzun su ihtiyacını karşılar.
- Yatmadan önce yersek rahat uyumamızı sağlar.
- En çok vitamin kabuğunda ve kabuğunun hemen altında bulunur.
- Elmamızı iyi yıkayıp kabuğunu soymadan yiyelim.

Her türlü kitap talebinizi temsilciliklerimizden, www.elmayayinevi.com adresimizden, telefon veya faks aracılığıyla yayınevimizden yapabilir; kitaplarımızla ilgili görüşlerinizi bilgi@elmayayinevi.com adresi aracılığıyla paylaşabilirsiniz.

ELMA YAYINEVİ©

Kitabın tüm yayın hakları ELMA YAYINEVİ'ne aittir. Yazılı izin alınmadan kısmen veya tamamen alıntı yapılamaz, kopya edilemez, çoğaltılamaz ve yayımlanamaz. Türkiye'de basılmıştır.
"ELMA", AKADEMİ ARTI YAY. AŞ'nin bir markasıdır. © 2015, ELMA YAYINEVİ

YAZAR HAKKINDA

Şermin Yaşar, Türk Dili ve Edebiyatı alanında tamamladığı eğitiminin ardından, reklam ajanslarında yaratıcı yönetmenlik ve reklam yazarlığı yapmıştır. Mesleği; düşünmek, hayal etmek, hayalini görünür kılmak ve yazmaktır. *Başlarım Şimdi Anneliğe* ve *Kötü Alışkanlıklara İyi Öneriler* kitapları ile yeni anneleri sakinleştiren yazar, *Oyuncu Anne* ve *Oyun Takvimi* ile anne babaları çocuklarıyla oyun oynamaya davet etmiş, *Ev Yapımı Sihirli Değnek* ile de okuyucularına denenmiş mutluluk tarifleri sunmuştur. Çocuk kitaplarının sadece çocuklara değil, anne babalara da hitap etmesi, onları da yönlendirmesi gerektiğini düşünen Yaşar'ın ilk çocuk kitabı olan *Çok Hayal Kuran Çocuk,* hem çocukların hayal dünyalarına dokunmayı hem de anne babaları hikâyenin içindeki gizli oyunlara yönlendirmeyi hedeflemektedir. Yazarın *Tilki Masalları* adlı üç kitaplık bir serisi, *Dedemin Bakkalı* ve *Dedemin Bakkalı-Çırak* adlı kitapları da bulunmaktadır.

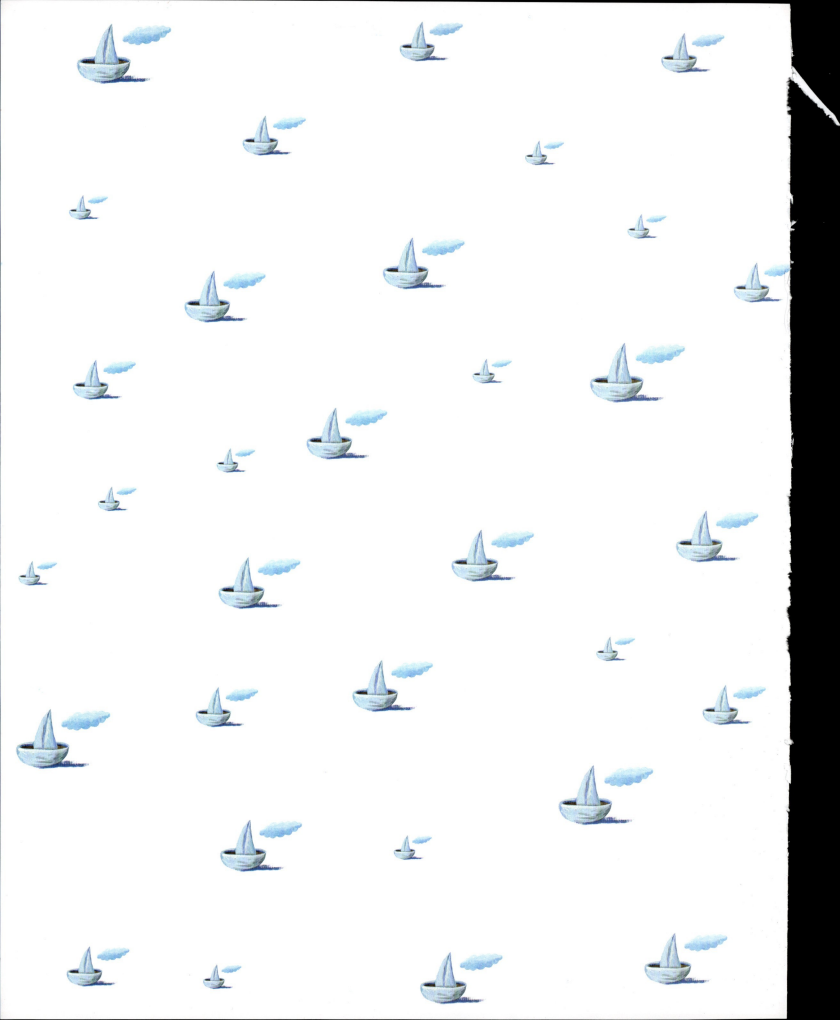